MW01675041

پرسکون نیند سو جاؤ، ننھے بھیڑئیے

راحت بخواب، گرگ کوچک

Ulrich Renz · Barbara Brinkmann

پرسکون نیند سو جاؤ، ننھے بھیڑئیے

راحت بخواب، گرگ کوچک

ترجمہ:

Muhammad Yahya, Dr. Laila Mushfa (اردو)

Jahan Mortezai, Ajmal Khan Arifi, Sara Zhalehpour

(فارسی)

sefa

آڈیو بوک اور ویڈیو:

www.sefa-bilingual.com/mp3

مفت رسائی کے لیے پاس ورڈ:

اردو: **Sorry, audio or video is not yet available in this language.**

فارسی: **LWFA1510**

We are currently working on making as many of our bilingual books as possible available to you as audio books and videos. We kindly ask for your patience if there is no audio or video version in your language yet! You can keep up with the progress of our work on our website:
www.sefa-bilingual.com/languages

شب بخیر، ٹم! ہم کل اپنی تلاش جاری رکھیں گے۔
اب سکون سے سو جائو۔

شب بخیر، تیم!
فردا به جستجو ادامه می‌دهیم. حالا خوب بخواب!

باہر پہلے ہی اندھیرا ہو گیا ہے۔

بیرون، همه جا تاریک شده است.

ٹم کیا کر رہا ہے؟

تیم چه کار می‌کند؟

وہ کھیل کے میدان میں جانے کے لیئے نکل رہا ہے۔
وہ یہاں کیا تلاش کر رہا ہے؟

او به طرف زمین بازی می‌رود.
آنجا دنبال چه می‌گردد؟

ننھے بھیڑئیے!
وہ اس کے بغیر نہیں سو سکتا۔

گرگ کوچک!
او بدون آن نمی‌تواند بخوابد.

یہ کون آ رہا ہے؟

این چه کسی است که می‌آید؟

میری! وہ اپنی گیند تلاش کر رہی ہے۔

ماری! او دنبال توپش می‌گردد.

اور ٹوبی کیا ڈھونڈ رہا ہے؟

و توبی دنبال چه می‌گردد؟

اپنا کھدائی کرنے والا آلہ۔

بیل مکانیکی اش.

اور نالا کیا ڈھونڈ رہی ہے؟

و نالا دنبال چه می‌گردد؟

اپنی گڑیا۔

عروسکش.

کیا بچوں کو بستر پہ نہیں جانا ہے؟
بلی بہت زیادہ حیران ہوئی۔

بچه‌ها نباید به تخت خواب بروند؟
گربه خیلی تعجب کرده است.

chez Martin
7
vitrerie
9

اب کون آ رہا ہے؟

دیگر چه کسی دارد می‌آید؟

ٹم کے امی اور ابو!
وہ اپنے ٹم کے بغیر نہیں سو سکتے۔

مادر و پدر تیم!
آنها بدون تیم شان نمی‌توانند بخوابند.

ان میں سے زیادہ تر لوگ آ رہے ہیں!
میری کے ابو، ٹوبی کے دادا اور نالا کی امی۔

و تعداد بیشتری دارند می‌آیند!
پدر ماری. بابا بزرگ توبی. و مادر نالا.

اب جلدی بستر پہ جائو!

حالا همگی سریع به طرف تخت خواب!

شب بخیر، ٹم! کل ہمیں مزید تلاش نہیں کرنا ہوگا۔

شب بخیر، تیم!
فردا دیگر لازم نیست جستجو کنیم.

پرسکون نیند سو جاؤ، ننھے بھیڑئیے!

راحت بخواب، گرگ کوچک!

مصنفين

Ulrich Renz was born in Stuttgart, Germany, in 1960. After studying French literature in Paris he graduated from medical school in Lübeck and worked as head of a scientific publishing company. He is now a writer of non-fiction books as well as children's fiction books.

www.ulrichrenz.de

Barbara Brinkmann was born in Munich in 1969 and grew up in the foothills of the Bavarian Alps. She studied architecture in Munich and is currently a research associate in the Department of Architecture at the Technical University of Munich. She also works as a freelance graphic designer, illustrator, and author.

www.bcbrinkmann.de

Do you like drawing?

Here are the pictures from the story to color in:

www.sefa-bilingual.com/coloring

Enjoy!

جنگلی ہنس

مأخوذة عن قصة لهانز كريستيان اندرسن

► Recommended age: 4-5 and up

ہینس کرسٹن اینڈرسن کی کہانی جنگلی ہنس، دنیا کی مشہور ترین بامقصد پریوں کی کہانیوں میں سے ایک ہے۔ یہ کہانی انسانی ڈرامہ کے ہر موضوع ؛ خوف، بہادری، محبت، دھوکہ، جدائی، اور ملن کا بہت خوبصورتی سے احاطہ کرتی ہے۔

Available in your language?

► Check out with our „Language Wizard“:

www.sefa-bilingual.com/languages

My Most Beautiful Dream

► Reading age: 2-3 and up

Lulu can't fall asleep. All her cuddly toys are dreaming already – the shark, the elephant, the little mouse, the dragon, the kangaroo, and the lion cub. Even the bear has trouble keeping his eyes open...
Hey bear, will you take me along into your dream?
Thus begins a journey for Lulu that leads her through the dreams of her cuddly toys – and finally to her own most beautiful dream.

Available in your language?

► Check out with our „Language Wizard":

www.sefa-bilingual.com/languages

www.sefa-verlag.de

sefa

IT: Paul Bödeker, Freiburg, Germany

Font: Noto Sans

ISBN: 9783739919157

CPSIA information can be obtained
at www.ICGtesting.com
Printed in the USA
LVHW070729040423
743407LV00008B/200

9 783739 919157